AF562946

DISCOURS

PRONONCÉ

LE DIMANCHE 14 MESSIDOR AN 11,

DANS le Temple de la rue Saint-Thomas-du-Louvre, à l'occasion du jour de jeûne, de prières et d'humiliation, délibéré par le Consistoire de l'Eglise Consistoriale Réformée de Paris ;

Ensuite de la lettre que le Premier Consul lui adressa le 27 prairial, et par laquelle il l'invitoit à ordonner des prières selon le rit Réformé, pour obtenir la bénédiction de Dieu sur les armes de la République Française.

PAR JACQUES-ANTOINE RABAUT-POMIER,
L'un des Pasteurs de ladite Eglise.

PARIS,
De l'Imp. de la rue de Vaugirard, N°. 939.

AN 11. — 1802.

DISCOURS

Sur ces paroles du second livre des Chroniques, chap. 32, versets 6, 7 et 8.

Ezéchias ordonna des Capitaines de guerre sur le peuple, les assembla auprès de lui dans la place de la porte de la ville, et leur parla selon leur cœur, en leur disant : Fortifiez-vous, et vous renforcez, et ne soyez point effrayés à cause du Roi des Assyriens, et de toute la multitude qui est avec lui, car un plus puissant est avec nous; le bras de la chair est avec lui, mais l'Eternel notre Dieu est avec nous pour nous aider et pour nous conduire dans les combats.

Mes Frères bien aimés en Notre Seigneur Jésus-Christ.

Ézéchias rendit son règne recommandable par le rétablissement de la religion, dont les autels avoient été renversés pendant le règne d'Achaz, son prédécesseur. Il se distingua par la sagesse de ses lois, et fit oublier, par sa conduite, les calamités du règne précédent.

Sancherib, roi des Assyriens, fier de sa puissance, de ses victoires, de ses conquêtes, de l'ascendant qu'elles lui donnoient sur les peuples voisins, jaloux de la prospérité naissante des Juifs, sans avoir déclaré la guerre, entre dans la Judée avec une armée nombreuse, et par une astucieuse proclamation, cherche à jeter le découragement parmi les Juifs.

Ézéchias se prépare à la défense, et convaincu qu'il vaincroit avec le secours de Dieu, il assemble les capitaines de guerre sur le peuple, et leur adresse les paroles dont nous venons de vous faire la lecture. Il présente, avec le prophête Élie, des prières à Dieu; *il crie vers les Cieux, et l'Éternel* (vers. 21) *envoie un Ange qui extermine entièrement tous les hommes forts et vaillans, et les chefs et les capitaines qui étoient au camp du roi des Assyriens, en sorte qu'il s'en retourna tout confus dans son pays, et lorsqu'il fut entré dans la maison de son Dieu, ceux qui étoient sortis de ses entrailles le tuèrent avec l'épée.*

Après cette miraculeuse défaite, Ézéchias fut élevé à la vue de toutes les nations, il acquit une grande gloire, fit des greniers d'abondance, creusa des canaux et prospéra dans tout ce qu'il fit.

Vous avez aperçu, Chrétiens auditeurs, dans

ce court mais fidèle exposé de ce qui précède et suit mon texte, combien les circonstances qui en occasionnèrent les expressions ont de rapport avec celles dans lesquelles nous sommes placés.

Après plusieurs années désastreuses, nous jouissions d'une paix achetée par des victoires éclatantes et multipliées, l'ordre étoit rétabli, la concorde unissoit tous les citoyens, notre industrie renaissoit, la religion ramenoit les mœurs, et la France présentoit au monde le spectacle rassurant d'un peuple rendu à l'ordre social.

Un roi haineux, dirigé par un cabinet perfide, jaloux de notre prospérité naissante, énorgueilli de ses flottes nombreuses, de son influence sur le monde politique, veut troubler une prospérité qui lui semble menacer la sienne, et par des démarches hostiles, qu'aucune déclaration n'a précédées, il prépare à la France et à ses propres Etats, le fléau le plus destructeur, parce qu'il est l'ouvrage de l'homme; la guerre.

Le premier Consul, semblable à Ézéchias, après avoir rétabli la religion, s'adresse à ses ministres et les invite à implorer le secours du Ciel pour le succès des armes de la France.

Nous avons déjà rempli, nous remplissons auprès de vous, Chrétiens auditeurs, dans ce jour solennel de jeûne, de prières et d'humiliation, d'une manière plus particulière encore, l'invitation qui nous a été faite. Nous présenterons au Dieu protecteur de la justice, dispensateur suprême des événemens, nos prières et nos supplications, et avant de le faire, nous allons vous adresser des réflexions qui vous prouveront que ces prières sont un devoir et qu'elles peuvent être exaucées, si vous y apportez les dispositions qui leur donnent efficace. O Dieu ! purifie nos cœurs et nos lèvres, dispose tes ministres et tes adorateurs, afin que ta sainteté ne repousse pas les vœux que ta justice et ta miséricorde auroient exaucés ! *Amen.*

Dieu, exauce les prières de ses adorateurs, lorsqu'elles sont justes et qu'elles sont faites avec des cœurs bien disposés. C'est sur cette proposition que repose le service solennel que nous célébrons aujourd'hui ; sa vérité résulte du soin que Dieu prend du monde, ainsi que des idées que nous avons de sa justice, dont il ne retarde les effets que par de grands motifs, et lorsque son exercice seroit en opposition avec l'économie actuelle ou avec l'économie à venir : lorsque le maintien de l'harmonie sociale, un grand exemple à donner au monde, des maux extrêmes à suspendre ou à prévenir, sollicitent auprès de lui l'intervention de son pouvoir; lorsque les vœux des hommes justes se joignent à ces motifs, il hâte alors les jugemens qu'il s'étoit réservés; d'un mot, par le seul acte de sa volonté, il rétablit l'ordre et prévient le crime ou le punit.

Cette idée que notre raison nous donne de la justice Divine, est confirmée par les assertions de l'Ecriture, et par de mémorables exemples.

L'Éternel, dit David, (pseaume 145, versets 18 et 19) *est près de ceux qui l'invoquent en vérité, il accomplit le souhait de ceux qui le craignent. Priez*, dit le même prophète, (pseaume 122, versets 6, 7, 8, 9) *pour la paix de Jérusalem; que ceux qui l'aiment jouissent de la prospérité; que la paix soit à son avant-mur, et la prospérité dans ses palais. Pour l'amour de mes Frères et de mes amis, je prierai pour sa paix. Si vous demeurez en moi*, dit J.-C. à ses disciples, *demandez tout ce que vous voudrez, et il vous sera fait. Veillez et priez en tout temps*, dit-il à ses apôtres, (Luc 21, verset 36) *afin que vous soyez dignes d'éviter les malheurs qui doivent arriver, et que vous puissiez subsister devant le fils de l'homme.* C'est ici, dit Saint Jean, (chap. 5, verset 14) *l'assurance que nous avons en Dieu, que si nous lui demandons quelque chose, selon sa volonté, il nous l'accordera. Si mon peuple*, dit Dieu lui-même à Salomon, (II Chron. chap. 7, verset 14) *si mon peuple, sur lequel mon nom est réclamé, s'humilie, fait sa prière et recherche ma face, et se détourne de sa mauvaise voie, alors je l'exaucerai des Cieux, je lui pardonnerai ses péchés, et je le délivrerai.*

A ces invitations, à ces promesses, on peut ajouter de mémorables exemples. Moyse (*Ex. ch. 32*) prie pour le peuple Juif, coupable de l'idolâtrie du veau d'or, et Dieu lui pardonne. Ses mains élevées et suppliantes dispersent les Amalecites. (*Ex. ch. 17*) Salomon (1er. *Rois, ch. 8*) demande à Dieu la sagesse, Dieu la lui accorde et y ajoute les richesses et la gloire; il le prie en lui dédiant le temple qu'il lui a bâti, et Dieu lui accorde toutes ses demandes. Élie prie l'Éternel (1er. *Rois, ch. 18*) de confondre Baal et ses adorateurs; l'Éternel l'exauce et consume son holocauste. Daniel (*ch. 6*) prie l'Eternel contre l'ordre de Darius, qui le fait jeter dans la fosse des lions, et Dieu le délivre. Néhémie (*ch. 1*) invoque l'Eternel, qui inspire à Artaxerxes de lui permettre de rebâtir Jérusalem. Asa et Josaphat (1er. *Rois*, *ch.* 20, 11 *chron.*, *ch.* 20) lui demandent de les délivrer de leurs nombreux ennemis, et Dieu les disperse.

Ce jour d'humiliation, ces prières que nous adressons à Dieu sont donc autorisées par la raison, par l'Ecriture Sainte et par de grands exemples ; mais ces exemples prouvent en même-temps que pour être exaucées, les demandes qu'elles renferment doivent être justes et présentées par des cœurs purs.

Si la justice d'une demande doit en obtenir le succès, sans doute les nôtres ne seront pas rejetées. En. fut-il jamais de plus légitimes ? Nous demandons à l'Être-Suprême, non point la guerre ; qu'il écarte à jamais de dessus les hommes ce fléau destructeur ; qu'il hâte ce moment où ils doivent vivre en paix sous le règne du Christ et de ses lois ; mais nous demandons qu'il rende heureuse pour la République Française, la guerre inévitable que lui suscite son ambitieux ennemi ; que par de rapides victoires, il amène pour nous une paix prompte, glorieuse, durable, qui établisse d'une manière invariable, parce qu'elle résultera de leur position et de leurs vrais intérêts, l'existence politique des peuples.

Le Gouvernement anglais, en se refusant à rendre Malte, viole la foi d'un traité de paix qu'il a consenti ; il joint à cette infraction du droit des nations, des insultes, des démarches hostiles ; il rappelle son ambassadeur, saisit nos vaisseaux sans déclaration de guerre préalable, prépare des armemens, et nous met dans cette position où la guerre est non-seulement inévitable, mais où elle devient légitime, parce qu'elle est un état de défense : dans cette position où ne pas la faire seroit l'enhardir à de nouvelles entreprises, consentir son propre déshonneur, la ruine de son pays, et permettre à un ennemi ambitieux et perfide tous les envahissemens dont sa cupidité lui donneroit le désir : dans cette position où ne pas se défendre seroit devenir le tributaire du dominateur des mers, se retrancher du rang des nations libres, et préparer non-seulement son propre asservissement, mais encore celui de tous les peuples. Présenter à Dieu, dans ces circonstances, des prières pour le succès de nos armes, ce n'est pas demander la guerre, c'est demander la libre jouissance de ses propriétés, protection à l'agriculture, au commerce, à l'industrie ; c'est demander la délivrance, le repos, la prospérité de son pays; c'est demander qu'il protége une guerre juste, inévitable, qui n'est qu'une défense légitime. La religion ne défend pas, elle autorise ces demandes; c'est alors que le Dieu des miséricordes est aussi le Dieu des armées; c'est alors qu'il procure des victoires éclatantes, et que sa justice donne de grands exemples.

Le droit de la guerre, dans ces occasions, naît de celui que possède tout individu, du droit de se défendre quand il est attaqué. Il m'est permis de repousser l'ennemi qui veut me ravir ma vie ou mes biens, la nature me l'ordonne avec une force qu'aucun être sensible ne peut vaincre; et par le désir actif et l'instinct rapide et sûr que Dieu m'a donné pour ma conservation, il m'a fait assez connoître que son dessein a été que je veille à la sûreté et au bien de mes jours.

Il ne s'est pas borné à cela; en me donnant un amour naturel pour la vie, il m'en a donné un égal pour ceux de qui je la tiens, ou qui la tiennent de moi. Cet instinct est une suite du premier, il est aussi vif et ils s'identifient. J'expose mes jours quand ceux de mes parens, de mes enfans sont exposés, et c'est mon sang qui coule quand je vois couler le leur.

Je ne dois pas moins mes forces et l'emploi des moyens de défense que la nature m'a donnés, à ceux qui vivent avec moi, qu'à ceux qui vivent par moi ou par qui je vis. Il y a une confédération naturelle entre les habitans du même pays ; ils sont les défenseurs nécessaires les uns des autres, ils se protégent mutuellement, ils ont les mêmes intérêts ; la sûreté et la prospérité des uns font la sûreté et la prospérité des autres ; si elles sont attaquées, elles doivent être défendues par tous ; celui qui défend celles des autres défend aussi les siennes, et cette réunion de toutes les forces est avantageuse à tous.

Je suis encore obligé de me défendre lorsqu'un ennemi puissant et dangereux cherche à tarir les sources de ma vie ; lorsqu'il m'ôte et aux miens les moyens de la soutenir et de pourvoir à ses besoins, comme j'y suis obligé lorsqu'il attaque ma vie même. Je le dois lorsqu'il s'oppose à mon industrie, au développement et à l'emploi des moyens de subsistance que la terre fournit à ses habitans, et lorsqu'il envahit le commerce par lequel fleurit l'agriculture et qui est la vie de l'Etat. Alors, sans doute, tous ses membres doivent se réunir contre l'ennemi commun, s'ils ne veulent subir bientôt un joug étranger et despotique : que seroit-ce si cet ennemi, devenu insensé par son ambition, vouloit s'approprier ce que la nature a donné à tous les hommes, défendre de marcher où il marche, de naviguer sans ses ordres sur un élément commun à tous ! Quel est le citoyen qui n'exposât ses jours pour ôter cet opprobre, ce moyen de destruction de dessus sa patrie ? et s'il se trouvoit un peuple et un Gouvernement qui défendissent la cause des nations contre ces despotes altiers des mers, ne mériteroient-ils pas la reconnoissance de tous les peuples et de tous les âges ? Français, nation belliqueuse et provoquée, cette gloire t'appartient ; c'est à toi qu'est réservé l'honneur d'affranchir le monde. J'en atteste le Dieu juste qui entend nos prières, la valeur de tes guerriers, l'enthousiasme que leur inspire le désir d'assurer l'indépendance de leur pays, la sagesse, la vigueur de son Gouvernement, l'héroïsme de son chef, et l'accord unanime de tous les Citoyens.

Adresser à Dieu des prières pour le succès de nos armes, ce n'est pas craindre un ennemi aveuglé qui court de lui-même à sa perte, c'est craindre l'Eternel ; c'est se confier en son secours dans une guerre juste et inévitable ; c'est demander que de rapides et décisives victoires remportées sur un ennemi qui n'a pu être ramené, en abrégent le cours et épargnent l'effusion du sang humain. Quel motif pour des hommes et pour des Chrétiens ! La guerre est le plus redoutable de tous les fléaux, et tout ce qui en diminue les calamités, doit être ardemment désiré. Dans ces temps malheureux, l'homme n'est plus pour l'homme qu'une bête féroce altérée de sang; c'est en vain que l'humanité jette un cri terrible, qu'elle dit au guerrier; tu verses le sang de l'homme, et ce sang est plus précieux que l'or et le pouvoir; sa voix est étouffée par celle du devoir, de l'honneur, de l'ambition, souvent d'une fausse gloire: alors tous les droits sont violés, les lois foulées aux pieds, les contrées les plus riantes dévastées, la population s'éteint, l'agriculture périt, la sueur du laboureur se change au sang du soldat, et l'élite de la nation tombe sous le fer ennemi. Armée d'un fer meurtrier, la guerre moissonne sans pitié l'adolescent qui naissoit à peine à l'existence, le jeune époux qui, le cœur plein d'amertume et de regrets, appelle une dernière fois, d'une voix mourante, son épouse et ses enfans inconsolables de sa perte; son fer avide de carnage, fait périr ceux même qui n'existent pas encore, cette intéressante postérité que Dieu prodigue d'existence et de bienfaits, vouloit faire naître à un bonheur prolongé; elle enlève le laboureur aux sillons qu'il avoit commencés, le tue sur son terrain, désormais inculte, et change le soc bienfaisant qui répandoit au loin l'abondance et la vie, en instrument de mort et de carnage; elle arme les peuples amis et ennemis les uns contre les autres, ne cesse de frapper que lorsque le fer échappe de ses mains fatiguées, et sourit dans la cruelle espérance de le ressaisir bientôt.

Sur-tout, mes frères, combien l'humanité n'a-t-elle pas à gémir sur ces journées terribles où le sort des nations est livré au sort des combats! Quel spectacle plus horrible que celui d'une bataille! Quels cris affreux poussés vers le Ciel! Que de victimes immolées à-la-fois par le fer ou le feu! Avec quelle impitoyable cruauté la vie n'est-elle pas refusée à ceux qui la demandent avec larmes et par les motifs les plus touchans! Que de sortes de morts plus cruelles les unes que les autres! Combien sont trop lentes au gré de ceux qui les souffrent! Avec quelle rapidité les rangs et tous les âges disparoissent! Quels ruisseaux de sang coulent de toutes parts et attestent la barbarie humaine!

Encore, dans les combats de terre, le guerrier

peut-il trouver son salut dans son courage; mais quelle ressource offrent les combats sur mer? comment résister aux élémens conjurés contre soi? comment échapper sur un champ de bataille où l'espace nécessaire au combat est refusé, et hors de l'étroite enceinte duquel on ne trouve que des abîmes? comment échapper sur une mer toujours prête à s'ouvrir, sur des vaisseaux que des explosions subites font voler en éclats ou qui périssent engloutis dans les eaux? Dieu des combats, mais qui l'es aussi des miséricordes, épargne aux mortels fatigués d'une guerre longue et sanglante, les horreurs d'une guerre nouvelle, ou, si notre perfide ennemi est irrémédiablement aveuglé par son orgueil, que les calamités de la guerre ne retombent que sur lui, qui l'a provoquée! Que celui qui, quoique terrible et vainqueur dans les combats, a, par une admirable longanimité, voulu épargner à la France, à l'ennemi lui-même, ce redoutable fléau, soit encore une fois notre vengeur, le pacificateur, le libérateur du monde, et que son nom soit béni par les peuples reconnoissans.

Adresser à Dieu dans ce jour solennel d'humiliation, des prières pour le succès de nos armes, c'est encore demander le retour de la paix, et ce mot seul dit assez combien nous avons intérêt à les voir exaucées, et combien elles doivent être ferventes. De tous les biens qui sont offerts aux mortels, en est-il un plus précieux que la paix ? c'est pour en jouir qu'ils se sont réunis en société; la guerre les replace dans l'état de nature; la paix conserve, améliore, crée, produit; la guerre bouleverse, dévaste, ensanglante; la paix, cette amie généreuse des hommes, les réunit tous sous le même intérêt, sa sœur cruelle les divise et porte parmi eux la désolation et la mort. Lorsque la bienfaisante paix reparoît au milieu des hommes, elle les rend au bonheur, et répare les maux que son ennemie leur avoit faits. Elle appelle auprès d'eux les arts, les sciences, l'agriculture, le commerce, l'industrie, les lois sages, les institutions bienfaisantes; elle peuple les déserts, fertilise les campagnes, décore les villes, creuse des canaux, couvre les mers de vaisseaux, et rapproche les peuples les plus éloignés, étonnés et heureux de leur réunion. Le hameau le plus isolé ressent son heureuse influence, lorsque les hommes vertueux qui l'habitent, réunis avec leurs enfans que la guerre avoit éloignés, voyent leurs champs de nouveau fertilisés par ces bras laborieux, et leurs paisibles habitations peuplées par une génération nouvelle. C'est ce bien inestimable, qu'après de longues calamités nous commencions a posséder, et c'est ce bien que notre ennemi voudroit nous enlever afin de nous ôter notre prospérité qu'il croit opposée à la sienne; mais c'est *la justice* seule *qui élève une Nation*, et celui qui en règle les destinées ne permettra pas que des projets oppresseurs triomphent; celui qui a si souvent exaucé les justes prières de ses adorateurs ne rejetera pas les nôtres.

Quoi ! me direz-vous, mes frères, nous en petit nombre, *les moindres dans Israël*, réunis dans cette enceinte sans armes, sans défense, pouvons-nous changer le sort des combats, remporter des victoires, et décider de la destinée des Empires ? Oui, Chrétiens, vous le pouvez; connoissez votre dignité et l'ascendant de la vertu : vos destinées, celles de votre patrie, peuvent être dans vos mains; vous pouvez désarmer le bras de celui pour qui rien n'est grand que la vertu. Priez avec des cœurs purs, avec des consciences nettes de tout péché, et vos prières monteront jusques aux Cieux. *Déliez les liens de la méchanceté*, vous dit Esaïe, (ch. 58, verset 6) *alors vous prierez, et l'Eternel vous exaucera* : Oui, hommes justes qui m'écoutez, et dont les prières montent aujourd'hui jusques au trône du Très-Haut, vous êtes en petit nombre ; mais *on n'empêche pas l'Eternel de délivrer avec beaucoup ou avec peu de gens.* (1 Samuel, ch. 14, verset 6) Vous n'avez ni armes, ni préparatifs de guerre, ni l'appareil terrible des combats, mais vous êtes avec celui qui peut délivrer, et qui disperse les armées avec *le souffle de sa bouche ;* vous êtes ce qu'il y a de plus généreux, de plus magnanime ; car *celui qui est maître de son cœur, est plus grand que celui qui prend des villes.* Ne vous y trompez pas, cependant, et ne vous croyez pas bornés à cette enceinte ; tous les justes dont la France est encore peuplée, ceux du monde entier, car notre cause est aussi la leur, se joignent à vous, et l'indignation générale qu'ont excitée les prétentions exclusives d'un superbe ennemi, n'est-elle pas aussi une indignation vertueuse ?

Une réunion de vrais Chrétiens qui prie l'Eternel, est toute puissante auprès de lui ; *leurs prières, faites avec ferveur, sont d'une grande efficace.* (Jacques, ch. 15, v. 6) Si les prières de dix justes eussent pu sauver autre fois une ville coupable, que ne pourront point celles de cette sainte et nombreuse coalition ?

Le succès de ces prières entre dans l'économie des rétributions divines ; ce sont des récompenses commencées, des anticipations sur la rémunération à venir, des compensations pour la vertu courageuse et opprimée, en attendant les généreux dédommagemens de l'Eternité. Comment ces prières ne seroient-elles pas agréables à Dieu ? La prière ne doit-elle pas être l'existence, une des félicités de la vie à venir, le continuel langage des justes, l'éternel hommage qu'ils rendent à l'Être-Suprême?

Eh! savons-nous combien de prières secrètes ont désarmé le bras de Dieu, ou fait agir sa justice? Peut-être un homme juste opprimé, et qui dans son cachot a réclamé auprès de Dieu contre l'oppression, a-t-il déterminé de grands événemens, dont la cause demeure ignorée.

Mais, que dis-je, n'avons-nous pas été sauvés par nous-mêmes? Nous n'avons point oublié par quel miracle de la Providence nous avons été retirés du fond de l'abîme; et ce que Dieu a fait une fois ne peut-il pas le faire de nouveau? *Son bras est-il raccourci, qu'il ne puisse nous délivrer encore?* (Esaïe, ch. 59, v. 1) L'orgueilleuse Tyr, Babylone, Carthage, ne disent-elles pas ce que peut le Tout-Puissant? Nous avons été exposés à tous les genres de périls; nous avons eu à combattre une coalition redoutable, auprès de laquelle les jactances et les ressentimens d'un seul ennemi ne doivent pas être comptés; et cependant par quels moyens admirables n'avons-nous pas été délivrés? Dieu *fait germer du sein de la terre un libérateur*; la mer obéissante le respecte, une épaisse obscurité le dérobe à l'ennemi, il arrive en France, et, dans une journée mémorable, la retire du plus éminent danger; par des victoires éclatantes, et qui tiennent du prodige, il détruit les dernières espérances, rend inutiles les efforts obstinés de nos ennemis, et procure à la France, à l'Europe une paix nécessaire à tous. Sous son gouvernement, des lois sages sont établies, toutes les haines éteintes, toutes les industries se développent, et notre prospérité commence.

Si Dieu nous a délivrés d'une manière aussi extraordinaire, dans un moment désespéré, et s'est ainsi déclaré notre protecteur, ne le fera-t-il pas dans un moment où il n'aura rien à changer au cours ordinaire des événemens, et où, en rétablissant l'ordre au milieu de nous, il a commencé nos succès? Connoissez toutes vos ressources, Chrétiens auditeurs; voyez l'accord de tous les Français, l'émulation générale qui se manifeste, le dévouement de toutes les classes de Citoyens, l'impatience de nos guerriers, la fière attitude de leurs chefs; voyez notre marine renaître et nos vaisseaux sortir, pour ainsi dire tout équipés, du sein des flots. Ces secours multipliés ne sont-ils pas des moyens que Dieu prépare à nos triomphes? Le libérateur qu'il nous a donné n'est-il pas au milieu de nous, prêt à conduire nos bataillons aux combats, j'ai prononcé le mot favorable, à la victoire? Héros, vainqueur et pacificateur, c'est sur toi que se portent nos regards et que reposent nos espérances. Notre ennemi te provoque, la France, la gloire, tous les peuples, le Dieu des combats t'appellent; si Rome ne peut être vaincue que dans Rome, poursuis ta généreuse carrière et rempli toute ta destinée; aborde le rivage ennemi; la mer obéissante saura céder à ta fortune, et encore une fois te conduire au port. Quand tu auras vaincu, tu continueras, au milieu des Français qui savent aimer, les projets que tu as formés pour leur bonheur; nouvel Ézéchias, tu feras des lois sages, des réglemens utiles, tu creuseras des canaux, tu créeras notre marine, agrandiras notre commerce, perfectionneras notre agriculture, découvriras de nouveaux moyens à l'industrie, et prospéreras dans tout ce que tu feras.

Et nous, Mes Frères, tandis que nos enfans, nos frères, nos défenseurs exposeront leurs jours, nous ne demeurerons point inutiles spectateurs de leurs dangers; nous seront prêts à les partager; nous viendrons dans nos temples demander au Dieu protecteur de la France de les conserver et de les rendre victorieux; nous secourrons les familles de ceux que le fer aura moissonnés; selon l'exhortation d'Esaïe, nous sanctifierons nos jeûnes et nous rendrons nos prières efficaces, *en rompant notre pain à celui qui a faim, en consolant les affligés, et ne nous retirant point arrière de notre chair*; tandis que la guerre sera au-dehors, nous concourrons, avec un Gouvernement ferme, à maintenir la paix au-dedans; nous vivrons avec les Chrétiens qui sont d'une communion différente de la nôtre, comme avec des hommes qui admettent le même Dieu, le même Sauveur et la même éternité, comme avec des concitoyens et des frères : tous les partis se confondront en un seul, celui d'une résistance commune contre l'ennemi de tous, et se livreront avec confiance à la multitude de moyens d'industrie dont la guerre ne nous aura pas privés. O Dieu! c'est avec une pleine confiance en ton secours que nous exprimons nos humbles demandes, que nous formons des projets vertueux. Être protecteur et miséricordieux, écoute, pardonne, dirige, exauce. Amen!

www.ingramcontent.com/pod-product-compliance
Lightning Source LLC
LaVergne TN
LVHW010306230826
846091LV00007BB/2733

* 9 7 8 2 0 1 3 3 7 8 7 9 6 *